갈잎에 스쳐 지나가는 바람 소리

이의영 시집

을지출판공사

❙ 서문 ❙

세 번째 시집을 낸다.
시집을 낼 때마다 느끼는 감정은 새롭지만
시는 쓰면 쓸수록 어려워지고
시의 길은 멀기만 하고
써 놓은 시는 못마땅한 것들 뿐이다.
하지만 시인이 시를 쓰지 않고 날들을 보낼 수 없어
시를 쓰게 되고 써 놓은 시가 늘어나니
모두어 둘 것으로 시집을 생각하고

그리고

선택은 나의 권리가 아닙니다.

바람이 불어오는 들녘
키 크고 튼실하고 화려한 꽃들이
하늘을 향해 손을 저으며
활짝 웃는 얼굴을 하고
벌 나비를 기다리고 있다.

그 옆에 키 작고 연약한 풀꽃 한 송이
성장(盛裝)한 꽃들에 가려
잘 보이지도 않아

다른 꽃들이 거들떠보지도 않고
지나가는 벌 나비조차도 못 본 체한다.

바람이 지나가면
다른 꽃들보다 더 심하게 쓰러져 흔들리다
일어나는 풀꽃은
파르르 떨리는 꽃잎 추스르고
하늘 그 너머를 보며
하는 말

'선택은 나의 권리가 아닙니다.
이 곤하고 허접한 나의 길이
당신의 뜻일지라도
나도 한 송이 꽃이라는 것을
알아 주시기를……'

시는 나에게

시는 꽃이다
꽃은 아름답다
아름다운 것은 슬프다

슬픈 건 눈물이다
눈물은 위로다

시는 꿈이다
꿈은 이상이다
이상은 현실이다
현실은 생활이다
생활은 삶이다

시는 넋이다
넋은 생물의 혼이다
생물은 늙어 죽는다
죽음은 무이다
무는 궁극이다

나에게 시는
위로고 삶이고 궁극이다.

이와 같은 심정으로 시를 쓰고 그 심정으로 이 시집을 낸다.

2023년 1월

이 의 영

형님의 詩가 세상을 적시는 한 줄기 빗물이 되길 소망하며

우리는 참으로 각박한 세상을 살아가고 있습니다.

아파트 한 동에 살면서도 옆집에 앞집에 누가 사는지 모르며 혹시 정면으로 마주쳐도 외면하고 맙니다. 인구가 늘고 경제가 발전하면서 삶에 경쟁이 심해져 옆도 뒤도 안 돌아보고 앞만 보고 달립니다.

애플리케이션의 발달로 급속히 발전하고 전파하는 소식을 따라잡느라 숨 가쁘게 하루하루 보내야 하는 현실과 여기저기서 들리는 전쟁과 테러, 지구 온난화에 따른 이런저런 기상 이변, 그리고 더욱이 코로나에 따른 무너진 일상, 그 속에서 마음의 여유를 갖지 못하고 살아가는 것이 현재 우리의 실정입니다.

그러한 가운데 살아가는 우리가 마음에 여유를 갖고 삶의 질을 높일 수 있는 것은 무엇일까요?

그 해답을 선명하게 찾을 길은 없겠지만, 그 한 가지 방법이 인문학을 좀 더 중시하고 가까이하여 인간의 품성을 건강하게 하는 것이 아닐까요?

급속한 과학의 발전과 편의주의의 무한 확대로 휴머니즘이라는 우리 본성에서 많은 것을 유실당한 우리는 먹고 마시고 즐기는 것을 행복으로 인식하고 인내와 자제와 배려를 잃어버렸고, 아름다움을 찾아야 할 미술품이 재테크의 한 방법이 되고, 대중음악은 멜로디와 가사의 극치감보다는 완전하게 조련된 율동과 수려한 용모가 더 중요하게 생각해 예술의 내적 울림을 조악하게 만들어 세상을 더욱 각박하고 어지럽게 만들고 있습니다.

그런 와중에도 인문학은 우리의 정신을 고양시키고 삶을 되돌아보게 합니다. 그 인문학 중에도 문학의 꽃이라는 시의 역할이 가장 크지 않을까 생각합니다.

시는 우리 정신을 맑고 차분하게 해 주어, 멈출 줄 모르고 너무나 빠르고 어지럽게 달려가는 세상에서 우리 자신을 살피고 삶의 아름다움이 무엇인지 알게 하면서, 때로는 한 점을 극대화하여 그 속에 인간의 감성을 넓게 펼치게 하며, 때로는 우주를 한 구절로 압축하여 단 몇 단어로 우리의 정신을 집중케 하여 고양시키니, 우리가 시를 가까이 대할 수 있다면 정말 정신의 여유로움과 삶의 아름다움을 알게 될 것 같습니다.

이러한 시를 쓰시는 분을 형님으로 가졌다는 것은 나에게는 행운입니다. 형님의 시를 읽으면 아름다움을 느끼고 삶의 성찰을 보게 되기 때문입니다.

항상 자연을 사랑하면서 경외하는 마음과, 일상의 삶의 표현이 잘 익은 술처럼 시 언어와 어울려 잘 표현되어 있고, 시 속의 모든 이미지들은 과장되거나 왜곡되지 않고 순리가 자연스럽게 조화되어 흐릅니다.

팔십이 가까이 오도록 꾸준히 해 오신 독서와 오랜 연륜으로부터 비롯된 관조와 터득이 여기저기서 조용히 숨쉬고 있습니다.

이렇게 담담하고 아름다우며 생명력 있는 시들이 세상에서 널리 읽혀져 사람들의 마음을 달래 주고 삶의 여유를 줄 수 있다면 참 좋을 텐데.

형님의 세 번째 시집 출간을 가슴 깊이 진심으로 축하드리며 형님의 향기 나는 삶의 자세 너무 존경합니다.

지금 같은 행복한 삶의 행로 최소 100세까지 지속하시길 바라며, 저의 거울로서 향도가 되시어 너무 많은 위안을 주시니 감사할 따름입니다.

쭉 파이팅하시길 바랍니다. 건강하세요.

2023년 1월

동생 사 영

차례

■ 서문 · 2
■ 형님의 세 번째 시집을 보며 _ 이사영 · 5

제1부 난 아직 모릅니다

난 아직 모릅니다 _ 14
새벽에 _ 16
종이학 _ 18
시골 간이역 _ 20
들판에 서서 _ 22
어느 날의 독백 _ 24
길을 간다 _ 26
눈 속에 침묵 _ 28
찔레꽃 _ 30
숲 속에서 _ 32
어떤 떠남의 의미 _ 34
부엉이 울음소리 _ 36
가을이 간답니다 _ 38
가을의 모상(慕想) _ 40

Contents

삽시도에서 _ 41
닿지 못하는 열차 _ 42
산하(山河)여! _ 44
무상(無想) _ 46

제2부 겨울에 꾸는 꿈

겨울에 꾸는 꿈 _ 48
고드름 _ 50
검은 꽃 _ 52
시간의 *그루터에서 _ 54
그녀의 빨간 가방 _ 56
바람의 노래 _ 58
어둠 속에서 _ 60
나는 모릅니다 _ 62
당신이 남기고 간 가을 _ 64
개나리 _ 66
그대 떠난 자리에서 _ 67
고목 _ 68
가을 나비의 설움 _ 70
귀로 _ 72
사랑하는 이여 _ 74

Contents

눈 내리는 밤 _ 76
해는 지는데 _ 78

제3부 어떤 날

어떤 날 _ 80
2월은 _ 82
어떤 날의 애환 _ 84
어느 날 저녁녘에 _ 86
어느 봄밤에 _ 88
사랑하는 사람에게 _ 90
편지 _ 92
견우의 노래 _ 93
열병 _ 94
나비부인 _ 96
동작동 국립묘지에서 _ 98
서산에 별이 집니다 _ 100
생명의 서 _ 102
바람과 구름에 띄운 편지 _ 104
존재함에 대하여 _ 106
당신은 여행 중 _ 108
들꽃의 서정 _ 110

Contents

제4부 으악새의 마른 울음소리

으악새의 마른 울음소리 _ 114
시간의 은유 _ 116
사랑하는 이여 _ 118
가을 정취 _ 120
해는 져서 어두운데 _ 122
너의 길을 가라 _ 124
새벽에 어둠 속에서 _ 126
그때 그곳 _ 128
당신은 지금 어디 있습니까 _ 130
메피스토 펠레스 _ 132
참새의 추억 _ 134
서리병아리 _ 136
큰 바위 얼굴 _ 138
당신의 품 안에 _ 140
아버지 _ 142
어떤 이에게 이릅니다 _ 144
어느 비 오는 날 오후 _ 146
언덕에 올라 _ 148

Contents

제5부 휘파람새

휘파람새 _ 150
유언장 _ 152
소쩍새가 우는 까닭은 _ 154
혼자일 때 _ 156
아이구 두야 _ 158
그냥 웃지요 _ 160
이런 날은 _ 162
술래 _ 164
그대는 떠나고 _ 166
꿈아! _ 168
그리움 _ 170
환승역에서 _ 171
여로에서 _ 172
풀잎 배 _ 174
순간이 영원을 잡고 _ 176
숨소리 _ 178
어느 날 꿈에 _ 180
어느 망자(亡者)의 영탄 _ 182

■ 작품 해설 _ 권오운 · 184

제 1 부

난 아직 모릅니다

바람에 흔들려 서걱거리는
낮은 갈대의 읊조림에
시나브로 젖어 드는
서글픈 가을을 난 모릅니다

난 아직 모릅니다

유난히 반짝이는 별들이
모두 쏟아질 것 같은 가을밤
떨어지는 별똥별이 나르는
추락의 가을을 난 모릅니다

달무리 이고 날고 있는
외기러기 날개 위에서
잃은 짝 그리워
울고 있는 가을을 난 모릅니다

바람에 흔들려 서걱거리는
낮은 갈대의 읊조림에
시나브로 젖어 드는
서글픈 가을을 난 모릅니다

앞산 석바위에 부딪쳐 메아리치는
높은 갈까마귀 울음소리에
뜸금없이 다가오는
방랑의 가을을 난 모릅니다

가을이 지나가는 길목에 서면
이렇게
서성이는 이유를
난
아직 모릅니다

새벽에

샛별이 서쪽 창문에 노크하는
새벽
깨어
한 날을 맞는다
오늘이라는 이름의 또 하루를

창문에 어리는 여명엔
아직도 어둠의 꼬리가 무체(無體)로 어리고
그 흐려지는 꼬리 잡고
서서히
내리듯 다가서는 하루

이 하루
내가 맞은 것일까
하루가 나를 찾아와
나의 하루가 되는 것일까
시간의 흐름 속에 속절없이 드리워지는 하루
이 하루는 내게 와 어떤 모습을 할까

귓가에 내려와 *조롱(操弄)치는
한 날을 마중하는 벽시계 소리
창밖 새소리 요란해지면
상념에 젖었던 혼은 홰를 치고
가빠지기 시작하는 숨소리

*조롱(操弄) : 마음대로 다루면서 데리고 놂

종이학

천 번을 그려 보는 *정모

꾸길 수도
더럽힐 수도
던져 버릴 수는 더욱 없는
그대 향해 날갯짓하는 한 마리 종이학

학 같은 당신은
학처럼 날아오르고
둥지 떠난 학 잡을 수 없는 당신

그 간절한 애태움에
나는 종이학을 접습니다

천 번을 접어도
짙어만 가는 사모(思慕)

빈방 넘치는 크고 작은 종이학은
그러나
날지를 못합니다

*정모(情貌) : 심정과 용모를 아울러 이르는 말

시골 간이역

따사로운 봄볕 아래
졸고 있는 시골 간이역
가쁜 숨 토하며
기차가 들어와 서면

졸리운 눈 거슴츠레 뜨고
꾸물꾸물 한두 손님 맞고 또 보내고는
다시 춘몽에 빠져

가끔
불어오는 바람이 옷자락 흔들어도
전봇대 까치 소리 요란해도

계단 옆 몇 그루
봄꽃 향기와
평행선 철로 위
가물거리는 아지랑이에 취해

다음 기차가 들어올 때까지
긴 시간
춘몽에서 깨지 못한다

들판에 서서

땅거미가 서서히
여명(餘明)을 잠식하여
어둠에 묻혀 가는 들길에 섰습니다

가을걷이가 끝난 휑한 들판엔
농부들이 흘린 땀을 지키고 남겨진
팔이 잘리고 해진 벙거지 쓰고
삐딱하게 선 허수아비
희미하고 허한 그림자만 서성이고

정해진 계절 살고 간
푸르던 넋의
성기고 마른 그림자만 뒹구는 벌판에는
풀벌레들이 흘리고 간 곡조가
서글픈 가락이 되어
시든 꽃잎 위에 감도는데

저무는 들녘에서
떨어지는 햇살 찾아 쪼며

한 날의 끝 길게 울고 있는
갈까마귀는
무엇을 슬퍼함일까요

어느 날의 독백

별들이 우박같이 쏟아지는 밤
물오리 홰치고
풀벌레 밤의 소야곡을 부르는
둠봉 방죽에서

분이의 눈동자에는
하늘 별보다 더 영롱한 별들이
손 꼭 잡은 두 사람 가슴에는
미리내보다 더 숱한 이야기가 출렁이었지

꽃잎에 부는 광풍에 밀려
서로의 길 걸은 지
어언 반세기
지금은 만나도 알아볼 수 없는
기억 속에 편린이 돼 버린
두 개의 혼불

여울에 쓸려 흐르는 세월
또

반세기 흘러가면
두 개의 혼불은 자취도 없고
또 다른 이야기가 자리 잡겠지

길을 간다

길을 간다
어제도 왔고
오늘도 가고 있고
그리고 내일도 가야 할 그 길을 간다

그 길 가며 남자는
그 길이 험하지 않기보다는
걸을 수 있는 길이길 바라고
높지 않기보다는 올라갈 수 있고
곧은 길이기보다는 끊어지지 않기를
그리고
깊지 않기보다는 건너갈 수 있기를 바란다

남자가 그 길 가며
우는 것은
이미 온 길은 다시 갈 수 없기 때문이고
웃는 것은
그래도 갈 수 있는 길이 남아 있기 때문이다

길을 다 걷고 나면
남자는
한 사람 혹은
열 사람의 영웅이 되거나
열 사람 또는
한 사람의 머저리가 될 것이다

눈 속에 침묵

구름도 쉬어가는 산
그 기슭에 홀로 휑하게 떨어진 외딴집

평소에도 드나드는 사람 별로 없지만
이렇게
눈이 많이 오면
마을로 이어지는 좁은 길에는
눈 밟은 자욱 없고

산 넘은 눈보라가
보리밭 골 지나
설가(雪家)의 지붕 흩고

뒤뜰 감나무
언 삭정이 꺾이는 소리

안마당에 쌓인 눈 위를
회오리치는 바람이
장지문 흔들면

툇돌 위
가지런한 두 켤레 흰 고무신만이
깊은 침묵에 빠진다

찔레꽃

바람이 흔들고 있는
활짝 핀 찔레꽃
그 위에 지나간 옛일이 어립니다

신록이 물들면
한 움큼 꺾은 찔레와 싱아 내밀어
순이에게 자랑하고

만발한 찔레꽃 위로
개똥벌레 나는 밤이면
하늘의 별 헤며 이야기골 따라 밤잠을 쫓고

꽃보다 예쁜 빨간 찔레 열매에
이슬이 맺히면
겨울 땔감 구하시려는
아버지 따라 오르던 뒷동산

오월의 하늘 아래
찔레꽃은 이렇게 만발했는데

아버지는 청산에 누우신 지 오래고
순이의 얼굴은 기억 저편에서 맴돌아
하얀 찔레꽃
자꾸 눈에 밟힙니다

숲 속에서

석양 녘
만추의 꼬리 잡고 숲길에 섰다

나무가 풍성할 땐
넉넉함으로 출렁이던 숲
지나는 바람이 마른 갈잎 하나 떨구니
어제의 날들이 순간에
낙엽처럼
갈색 눈물 흘리며 땅 위에 눕고

시든 구절초 붙잡고
사정하는 가을 나비의 날갯짓에
애련이 눈물비가 되는데

숲 속
성긴 나뭇가지 위에서
우는 곤줄박이 울음소리

그 가벼움에 몸서리치는 사이
날빛은 땅거미에게
정복되어
서서히
카르눈의 문 열린다

*카르눈 : 죽음과 재생을 관리하는 신

어떤 떠남의 의미

그래
가자 가

올 때 온 것같이
가야 할 때 가자

바위옷같이 살아온 인생
쌓인 회한만큼
미련이 없는 것은 아니지만
올 때 마음대로 오지 못한 것같이
갈 때도 마음대로 갈 수 없는
이 혼불
지금이 가야 할 때로 정해진 시간이라면

그래
가자
가
속태움 버리고

눈물일랑 뒷사람들에게 남기고
단장 짚고 일어나
휘파람 불며

부엉이 울음소리

재깍 재깍
한밤중
어둠에서 들리는 벽시계 소리
지그시
밀려드는 정체 모를 위압감

재깍 재깍
떠밀리고 끌려가면서도
가는 곳조차 알 수 없는 불안감

재깍 재깍
순간은 지나 시간이
시간은 쌓여 세월이 되고
그 세월에 씻기어
지나온 길은 자취조차 없고

날은 밝아 오지만
나서야 할 길은
짙은 안개에 덮여 있는데

앞산에서 들려오는
잠 못 든 늙은
부엉이 울음소리

가을이 간답니다

가을이 간답니다

시든 백일홍 꽃잎에서 구르는 빗방울
성긴 그림자 길게 끌고 있는 헐벗은 나목
깊은 밤 가냘픈 문풍지 소리
그렇게
서글프고 외롭게만 하던 가을이
석양에 마른 가랑잎 날리며 간답니다

가는 가을 서러워 밤새 울던 귀뚜라미를
마른 풀잎으로 잠재우고
서리맞은 쑥부쟁이 꽃잎의 하얀 그림자만 남기고
가을이 간답니다

앞에서 두 팔 벌려 막고
뒤에서 허리띠 잡고 늘어져도
피식 콧방귀 뀌며
그렇게 간답니다

알싸한 사연 하나 남기지 않고
가는 가을이
서럽고 안타까워 애타는 가슴은
삭풍에 흩날리는 낙엽 되어
허한 회갈색 들판을 뒹굴고 있습니다

가을의 모상(慕想)

가슴에 새긴 이름 위로
부는 바람이
그 이름 일으켜 세우고

달빛 하얗게 부서뜨리며
머리 흔드는 억새 풀꽃이 쓸쓸함을
흩날리며 떨어지는 노란 은행잎이 서러움을
내리는 궂은비가 눈물비를 부르는 가을입니다

가을 내내 울어 목이 쉰 귀뚜라미 울음소리
텅 빈 공원에 낙엽만 쌓인 벤치
새벽녘 창문에 드리운 희미한 달그림자
산모퉁이로 아스라이 사라지는 외줄기 길이
외로워 그리움에 빠지게 하는 가을입니다

당신이 손 놓고 떠나간 다리엔
이 가을에도 잡초만 무성하고
소식 전해 줄 한 마리 새조차 날아들지 않아
서성이는 이 마음엔 찬 서리만 내립니다

삽시도에서

바다는

하늘 위에 누워 무슨 일로
쉬지도 못하고 저리 울까

하늘 바라고 하루 종일
보채며 무엇 조를까

깊은 밤에도
잠들지 못하고
무슨 구원의 기도를 저리 드릴까

저녁 넘어 아침 된다
은빛으로 부서지는 바다
그 속 뒤지고 있는
고깃배 위에 어부는 그 속 알까

닿지 못하는 열차

영!
저녁이면
열차가 떠납니다
수많은 여러 종류 군병들 싣고
하지만 목적지에 닿을 수 없는
열차는
밤새 어두운 벌판 헤매고 달리며
점점 자라 아나콘다가 됩니다

영!
아침이면
아프고 다치고 지쳐 상이병 된 군병들 태우고
천장이 뜯겨 나간 열차
밤이슬에 젖어
빈 기적 울리며
저녁에 떠난 정돈 안 된 플랫폼으로
돌아옵니다

영!
이제 상이병들 모두 내쫓아 버리고
열차의 바퀴 떼고
객차 부수며
다시는 열차 띄우지 않으리라
다짐하지만
저녁이 되면
어김없이 조립한 열차에
끌어 모은 군병 태워
발차시킵니다

산하(山河)여!

산하여

그대
빅뱅 때부터 있었기에
창조주 보았을지
그분의 모습 어떠하던가

처음 생긴 세상도
그대는 보았겠지
어떤 모양이던가

그대는
수십억만 년 지내오면서
셀 수 없이 많은 것 만났겠지
그중에 우리는 무엇이라 하겠는가

또
그 오랜 동안
무수히

많은 것 낳고 키우고
보듬었고 또 놓았지
무엇을 얻고 무엇을 잃었을까

다시
수십억만 년 지내고 난 뒤에도
그대가 여전히 있게 되면
어떤 모습 할까
또 우린 어떠했다고
기억할까
아니 기억이나 할까

무상(無想)

연둣빛 새싹에 내리는 햇살이
옥빛으로 팔랑거리는 싱그러운 봄날 아침

창공을 향한 나의 마음은
구름이고 날아오르는
솔개 날개 위에 얹히어지고

떨어져
바람에 나부끼는 꽃잎 같은
나의 혼불은
날아 흩어져 버린 향기 찾아 헤매고

먼 듯
가까이서 들리는 곤줄박이 울음소리에도
무심한 듯 닫혀 있는
서글픈 넋이여

진달래 꽃잎 위에 떨어진
한 방울 이슬은
놓아버린 감성을 슬퍼함인가

제 2 부

겨울에 꾸는 꿈

내가 들인 작은 정성이
누군가에 거름이 되어
다시 꽃으로 피어나기를
그 꽃은 내가 피웠던 꽃보다
더 아름답기를

겨울에 꾸는 꿈

나는 꿈을 꿉니다
이 겨울에

온 땅을 눈보라가 할퀴고
처마에는 고드름이 한 자씩 열리고
성에가 모자이크 수놓은 유리창이 우는
이 겨울에
말라 가는 수액
꺼져 가는 불씨
정성으로 모두 모두어 붙들고서
소박하지만 옹골찬 꿈을

나는 꿈을 꿉니다
이 겨울에

이 수액이 마르고
이 불씨가 꺼져
스러져 가는 영혼에
캄캄한 어둠이 덮어도

내가 들인 작은 정성이
누군가에 거름이 되어
다시 꽃으로 피어나기를
그 꽃은 내가 피웠던 꽃보다
더 아름답기를

고드름

설화가 날리는 날
추녀에 열린 긴 고드름들이 영창을 가리면
나는
그 영창 안에 갇혔다

고드름 기둥 사이로 보이는
푸른 하늘과 피어나는 흰 구름은 동경이 되고
고드름 끝 방울지는 낙수는
호수에 출렁이는 파문 되고
바람이 쓸고 가는 눈길에 난 발자국은
누군가를 그리는 흔적이 될 때면

눈꽃 핀 울타리에서 부산한 참새들이
눈밭을 뛰노는 바둑이가
영창에 갇힌 나를 스산하게 만들고
흔들리는 나뭇가지 위
눈보라가 무지개로 피어오르면
몽긋거리던 지난여름 기억들이
연통에서 나는 연기처럼 피어올랐다

이렇게
나는
고드름이 지는 날이면
고드름으로 드리워지는 세상에 묶여
어줍은 날을 보냈다

검은 꽃

영!
검은 꽃!
한 송이 당신께 드립니다

그런 꽃이 어디 있느냐고요
당신의 마음속에 있습니다

검정색은
두려움 공포감 암흑을 느끼게 하지만
그런 것 넘으면
편안함과 보호받는 느낌을,
그리고 위엄과 장중한 감을
줍니다
그러기에 검은 꽃은 죽음 넘어
신비로움에 닿게 한답니다

검은 꽃!
세상에는 존재하지 않는 꽃이지만
당신의 마음속에 피어

당신의 깊은 어둠 이기는
혼의 꽃이 되기를 바랍니다

시간의 *그루터에서

어제저녁 생때같은 짝 잃은 수탉이
새벽 잠결에 내뱉는 외마디에
나의 잠결도 흔들리고

내 키보다 열 배가 넘는
포플러 나무에 못 박힌
긴 그림자가 땅 위에서 맴돌고

휘휘한 하늘 지나다
앞산 마루에 잡힌 뭉게구름이
잡힌 옷자락 떨쳐내느라 부산스럽고

석양이 지고 사방에서 조여드는
땅거미 속에
한 날을 우는 산 꿩 소리
요란한데

시간의 그루터에 선
난

흘러가는 강물에 손도 못 내밀고
헤픈 웃음만 짓고 있네

*그루터 : 지나다 잠깐 머무는 곳의 뜻으로 만든 신조어

그녀의 빨간 가방

우리 만날 때마다
그녀가 메고 나오는 빨간 가방
그녀의 어깨에 매달려
대롱거리는 그 가방엔
무엇이 들어 있을까

나를 향한 그녀의
빨간 마음이
파란 마음이
아니면
하얀 마음이

그녀가 자리 비운 사이에
몰래 열어 보고 싶지만
보고 나면
후회할까 봐
머뭇거리다
번번이 기회는 날아가고

헤어져 돌아오면
눈앞에 아른거리는
그녀의 허리에 걸려
달랑거리는 예쁘장한 빨간 가방

바람의 노래

흙 속에
나는
나의 씨앗을 묻으리
단단하지만 거칠지 않고
채워졌지만 거만하지 않고
곱지만 화려하지 않은
그런 씨앗 묻어 두었다
보슬비 내리는 날 훈풍 되어
그 님 앞에
고운 꽃으로 피어나게 하리

흙 속에
나는
나의 꿈을 묻으리
수수하지만 부끄럽지 않고
그렇게 높고 크진 않지만
옹골차고 가능한 소망이 있는
나만의 꿈
아무도 모르게 고이 묻어 두었다

두견이 우는 날 소슬바람 되어
그 님 앞에
무지개로 피어나게 하리

어둠 속에서

구름에 가려 캄캄한 어둠 속에서
절대적이라는 단어가 번갯불같이
번뜩인다

꽃과 나비가
찢기어 팽개쳐지고
조물주가 놓아 버린 어린 생령이
떨어져 짓밟혀 버린 어두운 골목길

가시 돋친 길고양이 울음소리가
날 선 신경 자극하고
그림자도 없는 환영이
어두운 골목 저쪽에서 튀어나온다

안으로만 안으로만
파고드는
파란 칼날의 비수가

새싹의 뿌리 베어 내고
고름진 상처 후비고 있다

지쳐 버린 상혼 위로
밤이슬이 내린다

나는 모릅니다

나는 모릅니다
하늘이 얼마나 높은지
땅이 얼마나 넓은지

나는 모릅니다
왜 세상이 나를 불렀는지
왜 나는 저렇게 아니고 이렇게 생겼는지
왜 내 키는 요만해야 하는지

나는 모릅니다
어제는 왜 그런 일이 일어나고
오늘은 왜 이렇게 지나가고
내일은 무슨 일이 생길지

나는 모릅니다
내가 온 곳도
갈 곳도
갈 때도

다만
내가 아는 것은
내가
여기에 있고
살아가야 한다는 것입니다

당신이 남기고 간 가을

사랑하는 이여
다시 가을입니다
당신이 남겨 놓고 간 가을이
도둑고양이처럼 왔습니다

당신과 같이 거닐던
천변 오솔길에는
억새풀 꽃이 그 가을같이
흰 물결을 이루고

하얗게 표백된
당신과의 날들은
기억 이편에서 더욱 선명해지는데
둘이서 나눈 밀어가 떨어진 오솔길에는
휘휘한 정막만 흐릅니다

이 가을
그리움만으로 당신을 생각해야 하는

나의 혼불은
바람에 펄럭이는 낡은 걸개그림 되어
혼자 몸부림치고 있습니다

개나리

이른 봄!
양지바른 곳에 피는 개나리
그 화사하고 고운 모습 너무 좋아
그 님의 무덤가에 모두어 심었더니
그 님의 넋이 꽃으로 피어났습니다

아무도 오지 않는 외지고, 후미진 곳
오는 이, 가는 이, 보아 주는 이 없어
해님 보고 웃고
달님 보며 꿈꾸다가
지나가는 바람이 희롱하니
한 잎, 한 잎이 눈물 되어 떨어집니다

그대 떠난 자리에서

그대여!
모닥불처럼 타고 있는
이 그리움
그 끝은 어디일까요

지금
나의 혼불은
말초신경 그 끝에 흩어져 있는
기억들까지 기름으로 퍼 올려
추억의 불쏘시개로
그리움 태우며
그 연기에 눈물 흘리고 있습니다

기억이 고갈되고
추억 말라 버리면
이 그리움도 사위고 눈물도 마르겠지요
하지만
세월이 흘러도
내 땅에
눈비 내리는 동안은

고목

흙 속에 핏줄 박은 후
하늘과 구름 벗하고
바람과 눈비 먹으며
살아온 헤아릴 수 없는 세월

한자리에서
나고 자라고 성숙되고 늙은
수백 년의 세월 동안
그렇게
수없이 반복되는 변화와 변동 속에서
몇십 번이나 아니 몇백 번이나 되삭이었을 삶의 의미

태풍에 가지 찢기어 나간 후
아침에 뜨는 태양을 보며
헐고 삭은 살에 뚫린 구멍으로
눈보라 지나갈 때
그리고
짙푸른 녹음 자랑하는 젊음을 볼 때

고목은 어떤 생각을 하고
무엇을 느꼈을까

고목은
늙고 장중한 그 자태 안에
그렇게도 많은 해와 달을 품었으니
나막신의 의미 헤아릴까

가을 나비의 설움

늦가을
찬바람이
나비의 여린 날개 흔들고 지나갑니다

곱고 윤이 나던 날개가
바람에 찢기고 날비에 젖어
늘어지고 처져
몇 미터 날지 못하고 주저앉습니다

앉은 곳은
윤기 도는 꽃잎도 초록 나뭇잎도 아니고
시들고 마른 꽃잎이거나
파삭거리는 가랑잎입니다

바람에 흩날리는 갈잎들이
친구들 윤무인 줄 알고
쫓아서 날다가
날 길 잃고 헤매기도 합니다

떨리는 심장
가빠지는 숨
무거워지는 몸

화려했던 날
떠나간 그리운 친구들
이제 곧 만나게 될 겁니다
만나면
반가울까요
슬플까요

귀로

집으로 돌아가는 길

서산에는 낙조가 한 뼘 남아 걸리고
길가에는 시든 들국화 듬성듬성하고
날리는 마른 갈잎 바스락거리며
계절이 많이 늦었음을 이야기한다

떼 놓는 발걸음마다
지난날의 흔적이 밟히어
돌아가는 귀향객의 마음 흔들고
저무는 하늘 나는 외기러기는
길을 잃었나
울음소리 서글프다

저 곰나루 건너 십여 리만 가면
고향이라지만
코흘리개에서 백발이 되어 돌아오니
고향도 타향인 양한데

*차사(差使)같이 주름진 곰나루 뱃사공도
변해 버린 귀객을 낯설어한다

*곰나루는 지명보다 설화를 생각함
*차사 : 고을 원이 죄인을 잡으려고 내보내던 관아의 하인

사랑하는 이여

사랑하는 이여

또
하나의 커다란 손가락이
접혔습니다
우리의 설 핀 삶의 미련 안고
접힌 손가락으로 우리는
또
한 해 떠밀렸습니다

그렇게 접힌 손가락이 우리가 만난 후
50여 가락
결코 짧지 않은
이인삼각 되어 마주보며 지내온 세월
슬플 때 울고 기쁠 때 웃는
평범한 나날이었지만

내게는 다시 없는 소중하고 귀한
날들인 것은

당신의 손 잡고
견디어 온 날들이기 때문입니다

사랑하는 이여

이제 내가 바라는 것은
우리 앞에 몇 개의 손가락이 더 접혀질지
모르지만
그동안
나는 당신을 당신은 나를 지키며
또
그런 평범하나
우리만의 날들 곱고 귀하게 만들어 가다
때가 되면
당신의 무릎 베고
내가 먼저
깊은 잠에 드는 것입니다

눈 내리는 밤

눈이 내린다
하늘에서
떨어지며 솟구치고
흩날리며 나부끼고
흩어지며 휘감으며
붓 나비 춤추듯

이렇게 내린 눈이
산야를 덮으면
온 천지에 내려앉는 흰색의 침묵
아니
일렁이면 일어나는 백색의 감흥

검은 밤을 하얗게 눈이 내리고
백설 위에 서기가 어리면
눈꽃 속에 깃든 설국의 전설 찾으려
동구 밖을 휘돌며 헤매지만

채워지지 않는 하얀 가슴
목마름이 가시지 않는 하얀 혼불만
하얀 눈밭 위를 뛰며 맴돈다

해는 지는데

서산에 걸린 해는 지는데
홀로 인 긴 그림자는 누굴 기다리나

앞산에서 간간이 들리는 산비둘기의 울음소리는
어둠을 부르는 간주곡
귓불에 스치는 낯익은 소리
돌아보니
지나가는 바람이 갈잎 흔드는 소리
센머리 흩날리는 마른 갈대숲은
이별의 서러움에 휘둘리고 있다

서서히 다가오는 땅거미
앙상한 가지에서 몸부림치는 추락
닫혔던 망각의 문을 열고
선명해지는 귀뚜라미 울음소리가
이렇게
낯설고 서글픈 것은
삭이지 못한 하루를
소화하려다 가슴에 걸린 가시 때문이련가

제 3 부

어떤 날

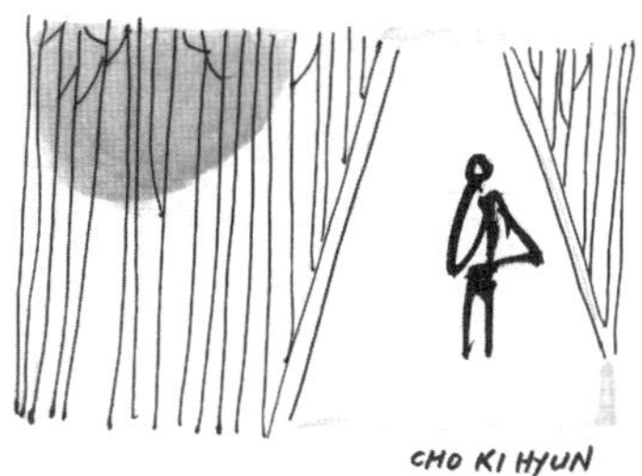

바람을 타는 머리에선
날 지난 홀씨가 떨어지고
보도에는
따르는 긴 그림자
섭섭하도록 쓸쓸하고

어떤 날

어제는 덕수궁 돌담길을
혼자 걸었습니다
누구와도 없이 혼자서

오 헨리의 「마지막 잎새」 같은
낙엽이 뒹구는 돌담길을

이영훈의
「가로수 그늘 아래 서면」이
헨델의 리날도 중
「울게 하소서」가
들리는 것 같았습니다

바람 타는 머리에선
날 지난 홀씨가 떨어지고
보도에는
따르는 긴 그림자
섭섭하도록 쓸쓸하고

온기 잃은 햇볕 아래
친근함을 거부하며
말없이 서 있는 무심한 돌담

어디서 어린아이의 울음소리가
그리고
냇물 흐르는 소리도
들렸습니다

2월은

2월은 기다림의 계절이다
눈보라 속에 강추위로
아득했던 망각의 계절인 1월 지나
얼음 풀리는 땅속에서
북으로 가는 눈 소식 들으며
새싹이 돋는 소생의 계절
3월을 기다리는

2월은 준비의 계절이다
언 땅에 흩어지던 온기를
시나브로 모아 갈무리하면서
종다리 노랫소리에
버들가지 눈 틔우고
목련꽃 피게 할
생의 기운 일으켜 세울 준비를 하는

하지만 2월은
붉은 구렁이기도 하다
기다림의 미학 무시하거나

어설프고 미숙한 준비로
2월을 보내면
때 되어
남들이 피우는 봄의 향기 대신
썩은 구린내를 뿜을 수도 있기 때문이다

어떤 날의 애환

삼십여 년 동안
걸어 놓고 숨가삐 넘어온 자리에서
뿌리째 뽑혀 불평은커녕
흘릴 피조차 응어리진 상태로
내동댕이쳐진 날

허망함에 떠돌다
다다른 한강 다리 위
노을이 물든 다리 밑 출렁대는 강물에는
흘러간 세월 흔적조차 없는데
다리 위 난간에는
받친 세월 수많은 그루터기가
숨 막히는 허무의 파편이 되어
울대를 넘는다

남북으로 치달리는 자동차들은
경쟁의 치열함을
저 멀리 보이는 빌딩 숲 운무는

하얗게 타오르는
영혼들의 목마른 절규

어둠에 덮어 가는 강물에는
반사된 삶의 파편들이 일렁이는데
시간이 멈춰 서 버린 사내는
움직일 줄 모른다

어느 날 저녁녘에

텅 빈 집
창가에 앉아
어스름에 잠기어 가는
하늘 보노라면
헛헛함이 길게 꼬리를 늘인다

오늘이라는 하루가 무사했다는
안도감보다
오늘도
그냥 그렇게 하는 막연한 불안감과
밀려 들어오는 저 어둠에
어디론가 서서히 떠밀려 가고 있는 것 같은
석연치 않은 압박감

그래서
"이렇게는, 이렇게는……" 하고
풀어져 늘어진 줄 당겨 보지만
조막손인 듯 무디어진 손에

잡히지 않아 헛힘만 쓰다
이냥 굴러가는 쳇바퀴에 밀려
또 내일이 된다

어느 봄밤에

춘심으로 애를 끓이다가
어설피 든 잠이
뒷산 두견이 우는 소리에 깨어 창문을 여니
달빛 아래 하얀 너울 쓴 목련이
뽀얗게 달을 토해 내고 있습니다

영
당신은 목련의 울음소리 들으신 적이 있습니까
달 밝은 밤
하얀 꽃송이 눈물처럼 떨구며
두견이 소리 따라가 버리는 봄이
그렇게 어렵사리 피어 놓은 꽃송이를
속절없이 지우게 하는 봄바람이
서러워 눈물짓는

날이 새려 합니다

멀리서 우는 새벽닭 울음소리가
벼린 낫 끝처럼 날카롭고

밤이 맞도록
서러움에
목련 꽃송이가 토하는 파란 요기가
지는 달빛에 하얗게 부서집니다

사랑하는 사람에게

그대여
당신은 보고 있어도 보고 싶다는
말의 의미 아십니까
나의 나보다 더 정겨운 그대여

그런 당신으로 하여
나는
매일매일
봄꽃 방초 동산의 나비가 됩니다

나뭇잎이 자기의 할 바를
다하면
낙엽이 되어 떨어지듯이
당신에 대한 나의 할 바
다하면
나 또한 떨어지는 낙엽이 되겠지만

그날까지
나는 나의 촛불을 들겠습니다

나의 정성으로 심지 삼고
나의 기쁨이
나의 감사가
기름이 되는
촛불을

편지

낙엽이
봄날 목련꽃 지듯
떨어지고
빈 가지에는
봄 전설과 여름 이야기 가을 추억이
야위어 가는 햇살 따라 바래져
점점 사위어 가는데

날빛도 끊어져 버린
나의 책상 위에는
그대에게 쓴 편지
첫 줄에 쓴
'사랑합니다'
그 글 몇 자
그것 때문에
붙이지 못한 편지가
낙엽처럼 뒹굴고 있습니다

견우의 노래

그리워
하얗게 새운 밤이 몇 밤이며
보고파
울어 버린 날이 몇 날인가

너는 나를 그리며 그곳에서
세월의 덫에 갇히고
나는 이곳에서 너를 보고파 하며
먼 공간의 올무에 묶이어

시간의 길 자국마다 떨어져 서리는
서러움만
은하의 물속에서
소용돌이치며
가슴에 푸른 상처 만들고

흘러버린 세월만큼 무거워진
그리움이
너럭바위의 무게로 눌려오면
너를 부르는 마른 외침만 미리내를 넘는다

열병

바람이 불어
나뭇잎이 나부끼더니
가지를 흔들고
줄기를 흔들고
뿌리까지 휘둘러
나무는 쓰러질 것 같습니다

그래도
나무가 쓰러지지 않고 버티는 것은
지금까지 볼 것 못 볼 것 모두 보였는데
넘어지고 자빠지는 것까지는
보일 수 없다는 자긍심 때문입니다

바람은 그냥 무심히 지나갔지만
바람이 주고 간 깊은 상처 때문에
나무는
많은 날
혼자 심한 열병 앓겠지요

하지만
지켜 낸 자긍심이
나무를 튼실히 키울 것입니다

나비부인

하얀 구름 꽃들이
불그레 물들기 시작하여
타올라 빨강이 되면
노을은 절정이 된다

그 절정의 노을 닮은 여인의 단심

이제
떠오를 달을 맞을
달맞이꽃 위에
노을이 비끼고
귀가를 알리는 뱃고동 따라
갈매기의 울음소리가 높아질 때

시들어 가는 해당화를 찾은 나비의
사념(思念)은 더욱 깊어지고
모래톱에 부서지는 파도는
흔들리는 마음 더욱 휘젓는데

기약이 없는 연인
기다리는 해변의 여인은
하늘 노을 삼키고 어두워 가는
수평선 저 머-언 그곳에
들린 눈 거두지 못한다

동작동 국립묘지에서

한더위에
청년이 땀 같은 눈물 흘리며
하얀 얼굴을 하고 햇볕 가운데 우뚝 서 있다
하늘이 말리고 땅이 다독여도
막무가내다

청년은 70여 년 전
전장에서 산화하여 조그만 비석이 되었고
70여 년 동안 아들을 가슴에 담고
해마다 찾던 어머니 아버지도
이미 저 세상 분들이 되어
지금은
청년을 찾는 사람도 없다

대신 찾아온 노랑나비가 달래고
햇빛이 비석을 쓰다듬고
지나가는 바람이 위로해도

눈물이 마르지 않는
땀내 나는 사람이 그리운 청년은
포연이 날리던 전장
서럽다

서산에 별이 집니다

서산에 별이 집니다

동쪽 별들이 잠들기 시작하면
밤새 내 꿈 지켜 주던
서산의 별도 하나 둘 떨어집니다

어젯밤엔
바람과 구름 타고
멀리 있는 당신 찾아
이곳저곳을 돌아다녔습니다

뒤뜰 대나무 숲 지나는
바람 소리
들창문 아래서 밤새 울던
귀뚜라미는
가을날 한풍에 삭아 버릴
애련(愛戀) 때문입니다

날이 밝아 오면
새날이지만
그대가 없는
허망한 날은
늘
아주 못 견디게 괴롭힙니다

생명의 서

가시나무 숲 속에
이름 모를 풀꽃이 피어 있다

바람이 나르다 떨어뜨린 풀꽃 씨가
가시나무 숲 사이로 들오는
햇빛과 비 받아

싹 틔우고 뿌리 내리고
줄기 키워서 꽃을 피웠다

가시나무들이
가시를 세우고 팔 벌려 햇빛 가려도
풀꽃은
틈새로
햇볕과 비와 바람이 스며드는 것만으로도
족하다고
감사하고 미소 지으며
꽃 피우고 열매 맺고 씨를 익혀
바람에 싣는다

또 다른
더 나은
풀꽃들의 세상 위해

바람과 구름에 띄운 편지

항상 계절의 이맘때면
떠나간 그대에게 편지를 씁니다

그러나
그대가 있는 곳에는 우체국이 없어
오늘도 쓴 편지 부치지 못합니다

책상 서랍에 쌓여 있는 편지는
서랍을 열 때마다
보내 달라고 아우성치며 달려듭니다

그래서
"오늘은……" 하고
편지를 꺼냅니다

하지만
'아직은' 과 '그렇지만' 이 충돌하며
편지 든 손에 경련이 옵니다

마당 가에서
놓여진 편지에 불을 붙이려고
성냥을 든 손에
다시
'아직은' 과 '그렇지만' 이 충돌합니다

연기 내며 불꽃이 일어납니다
불꽃은 나의 가슴을 태우고
연기는 나를 눈물지게 합니다

불어가는 바람이 연기를 실어다가
하늘 저편에 흰 구름 위에 사연 싣습니다

이렇게
바람과 구름에 부탁해
당신께 사연을 띄워 보냈습니다

존재함에 대하여

어제는 내 뒤에서 사위어 버리고
나는 오늘 여기 있고
내일은 내 앞에서 기다리고 있다

어제는
오늘 때문에 울고 노하였고
오늘은
내일을 위해서 사랑하고 미워하고
내일은
무엇으로 어떻게 보내게 될까

이렇게
시간은 가고
공간은 변하는데

이 시간과 공간 속에서
너는 나로 인하고
나는 너로 인하여
존재하고

스러지면
사람들의 기억에서는 없어질지라도
시간과 공간의 즈음까지는
한 점 티끌로라도 계속 존재하게 되리라

* 즈음 : 일이 어찌 될 무렵

당신은 여행 중

빗방울이
후둑 후두둑 창문 때리는 아침
당신은 여행에서 아직 안 돌아오고
나 혼자 테이블에 앉습니다

당신이 있을 때는
모든 것이 음악처럼 매끄럽고 자연스러웠는데
오늘 아침엔 고장 난 엘피판처럼
찍이익 찍거립니다

우울한 마음에 창문 여니
바람이 실어 온 빗방울이
얼굴을 때립니다
내 삶에 대한 당신의 비중이
무거운 무게로 가슴을 칩니다

당신이 단 커튼이 펄럭이며 위로합니다
이제 곧
당신이 올 거라고

창문을 닫고
다시 테이블에 앉아
'그래 내일 모레면 올 텐데!' 하고
허한 가슴을 달래며
냉수를 마십니다

들꽃의 서정

들꽃은
비 맞으면서
웃기도 하고 울기도 하지만
화내지 않는다

바람이 불어가면
들꽃은
팔랑팔랑 춤추거나 꺾일 듯 쓰러지지만
소리 지르지 않는다

저보다 크고 억센 들풀 가운데서
외로움을 타지만
들꽃은
불평하지 않는다

그런 들꽃은
아침 이슬로 세수하고
저녁노을에 미소 짓고
달 밝은 밤에는 달님과 입맞춤하고

별이 뜨는 밤에는 별들과 속삭인다

벌 나비가 지나가면
들꽃은
파란 하늘 그 너머가 그리워
붉은 미소
지나가는 바람에 실어 구름에게 묻는다

제 4 부

으악새의 마른 울음소리

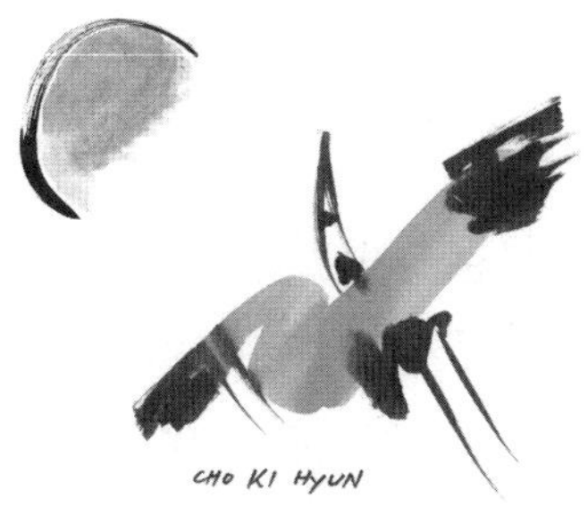

외기러기 나는 달밤
귀뚜리가 하얗게 새우는 밤이면
넋 나간 이의 한숨 같은 나의 울음은
더욱 깊어 갑니다

으악새의 마른 울음소리

나는 웁니다
봄도 여름도 아닌 가을에
그것도 늦은 가을에
말라가는 생명의 끝 붙잡고
웁니다

외기러기 나는 달밤
귀뚜리가 하얗게 새우는 밤이면
넋 나간 이의 한숨 같은 나의 울음은
더욱 깊어 갑니다

달랜다고
한 무더기 시든 들국화가 손 흔들고
위로한다고
냇가 수양버들 마른 가지 춤추지만
그 어눌한 몸짓은
내 울음만 더 크게 합니다

이 가을
울어도 울어도
내가
울음 그치지 못하는 것은
놓아 버린 날들이
가시 되어 가슴 찌르는 아픔 때문이고
이렇게 울 날도 얼마 남지 않았기
때문입니다

시간의 은유

채칵채칵
초침이 시간을 끌고 간다
초침 따라 끌려가는
일 분 전 나는 지금의 내가 아니고
일 분 후 나도 지금의 내가 아니다

그렇게 쌓인
일 초 일 초가
삶을 만들어
내가 되고 네가 되고
사이를 만든다

멈출 줄 모르는 초침은
그렇게 날 끌고 밀며 가고
나는
시간에 붙잡혀
이리저리 휘둘리며 넘어지기도 자빠지기도 한다

다가오는 시간은 새롭지만
날지 않는 부엉이 눈이고
밀려간 시간은 퇴락하여
가판대 위의 동태 눈이 되고
그 눈과 눈 사이에서
나는 이렇게 쇠어 간다

사랑하는 이여

사랑하는 이여
물이 들면 강에 나가 배를 탑시다
배는 강물에 맡기어 놓고
당신과 나는
동동주 마시며 오동동 타령 부르면
가을 풀꽃처럼 시들어 가던 우리의 사랑이
저녁노을에 황금 물결치는 강물처럼
출렁출렁 여울질 것입니다

사랑하는 이여
바람이 불면 산에 올라 연을 띄웁시다
높이 뜬 연
재 너머 저 먼 곳
하늘 소리 바람 소리 들으면
늘어져 흐물거리던 우리의 사랑도
연줄같이 팽팽하게 당겨져
새록새록 우리를 감을 것입니다

사랑하는 이여
눈이 오면 들판에 나가 눈사람을 만듭시다
설원에서 눈사람 만들며
동심에 젖어 아이들처럼 뛰다 보면
겨울나무 같던 우리의 사랑도
눈의 서기로 살아나
뛰는 갈망으로 눈밭을 달릴 것입니다

가을 정취

바람이 불어오는 언덕
들국화 한 무리가
푸르른 하늘 향해
하얀 머리 흔들고 있다

솔개의 날개깃 타고 온 바람이
국화 향기에 취해
어지럼 타며 맴돌고

아침부터 먼 길 달리던 아폴로도
꽃잎에 내리어
아픈 다리 쉬고

한낮 오수 즐기려 찾아온 가을 나비도
부드러운 꽃잎 베고
단잠에 빠진다

찾는 이 모두가
정겹지만

나 보고 빙그레 웃어 주는
당신 제일 반갑다

해는 져서 어두운데

서산에 해 기울어
땅거미 밀려들고
나 따라 맴돌던 긴 그림자도
해 따라 떠나고 나면
마음은 늦가을 흐린 하늘이다

무엇인가
잘못을 저지르고도
그것이 무엇인지 모르는
어디론가 가야 하는데
가야 할 그곳이 어딘지도 모르는

누군가가 몹시 그리운데
그 대상이 분명치 않고
왜인지 모르는 타는 목마름은
져 버린 저녁노을보다 더 붉다

미네르바의 부엉이 홰치고 날면
요동치던 마음

갈 곳 머무를 곳 찾지 못해
점점 짙어 가는 어둠에 잠겨 가며
너울거린다

너의 길을 가라

가라
지금처럼
네 앞에 있는
너의 길
너만의 길을

기쁘고 즐겁다고 서두르지 말고
슬프고 괴롭다고 늦장 부리지 말고

어차피
세월에 떠밀리고
바람에 흔들리고
눈비에 씻기우는 길이라면

출렁이는 세월 위에 올라앉아
동무 되어
바람 소리
눈과 비 사연
강물에 흘리며

흥얼흥얼
긴 이야기 풀듯 그렇게 가라

하지만
너무 많은 이야기는 하지 마라
너도 지치고
듣는 이도 지루해 한다

새벽에 어둠 속에서

비가 오는 소리에 눈뜬 새벽
세상은
짙은 어둠에 묻혀
깊은 침묵에 잠겨 있다

시나브로 열리는 귓속 파고드는
매여 있지 않은 시간이
총총히 지나고 있음 알리는
벽시계 소리는
베개 가에 머물던
어줍은 안식을 휘젓고

창문에 부딪히는 빗소리에
달갑지 않은 방문자
노크도 없이 닫힌 문 뚫고 들어와
누워 있던 상념(想念) 불러 일으켜
고단한 혼을 흔든다

일어나 불 켜야겠다는 것은 생각뿐
무겁게 누르는
회전하는 중압감
생각은 달리는데
몸은 천근이다

그때 그곳

그때 그곳에서
나는 당신을 기다리고 있었습니다
가슴에는 울리는 북 안고
목에는 기다림의 팻말 걸고
손에는 소망의 촛불 들고

그때 그곳에서
우린 만났습니다
나의 손 잡고
환하게 웃는 당신 보며
나의 마음은
방초 동산에 뛰는 사슴이었습니다

그때 그곳에서
우린 즐거웠습니다
기뻐하는 나를 위해
당신은 노래 불렀고
거기에 맞추어
나는 흥겹게 춤 추었습니다

그때는 지난 지 몇십 년도 넘고
그곳은 흔적조차 찾기 힘들지만
그때 그곳은
내 마음에 지워지지 않는
피사체로 남아
고단한 날 위로합니다

당신은 지금 어디 있습니까

노을도 없이 해 지고
어둠이 점령군처럼 몰려오면
긴 날 아사녀 같이 보낸
서러움이 산같이 높아지고
비상 시작하는 부엉이같이
날아오르는 당신 생각
당신은 지금 어디 있습니까

어둠이 빛보다 익숙한 시간
은하의 별들만 밤을 새우고
빛바랜 기억 속 편린들
모닥불 연기같이 피어올라
어둠 속에 깊은 둥지 틀어
긴 밤 더 길게 만드는데
당신은 지금 어디 있습니까

이제 날이 새려 합니다
당신 없이 보내야 할 한 날
그런 날이 수없이 많았지만

처마에 낙수 지니 오늘은
더욱 헛헛한 날이 되겠지요
가랑비 내리는 미명의 하늘 보며
당신은 지금 어디 있습니까

메피스토 펠레스

바람 불고 비가 내리면
목로주점에 앉은 나의 마음은
바람에 나는 깃털이 된다
멀리 날아 보지도 못하고
맴돌다 빗물에 젖어 떨어지는

저쪽 비바람에 날리는 걷지 않은
어떤 여인의 헌 치맛자락은
설은 *공후인을 노래하고
물에 젖는 가슴에는
누구엔가 전하고픈 이야기가
4령 잠자고 난 누에처럼
남은 애를 파먹고 있다

누구라고도 무엇이라고도
할 수 없는
그림자에 휘둘리고 찢기어 허덕이는 혼불
누더기 되어
빗물에 흘러가는데

번쩍이는 번개 불빛 사이로
선명하게 떠오는 *메피스토 펠레스
내 혼불을 사려는가

*공후인 : 창작연대 미상의 고대 가요 이름 모를 백수광부의 아내가 지었다는 노래

*메피스토 펠레스 : 파우스트와 계약을 맺어 그의 혼을 손에 넣었다고 알려진 독일의 악마

참새의 추억

'참새 방앗간'
이제는 전설 같은 추억입니다

박꽃이 하얗게 핀 초가지붕
그 둥지 속에서 알을 품고
백 년 살아지라 소원해 보고

나무 울타리에서 숨바꼭질하면
댑싸리 밑에 잠자던 멍멍이가
하늘에 지는 해그림자 보고 짖고

멍석에 널어놓은 곡식
낱알 쪼다가 갑자기 달려드는 삽살개
깜짝 놀라서 날아오르며 '아나 참새 똥' 하고

물결치는 꽃들이 바람 희롱하는
앞 냇가 억새 풀밭 사이에서
어제와 내일의 틈바구니를 울 때
같이 울어주는 의악새가 있었고

첫눈이 오는 날
마른 가지 위에 앉아
얼음처럼 찬 날들을
가는 등뼈로 견뎌야 하는 두려움에 울 때
같이 울어주는 그 많던 친구들

모두
콘크리트 벽에 묻힌
추억입니다

서리병아리

늦가을

변두리 찻집에서
창밖으로 보이는
길 가는 사람이나 군밤 장수나
바람에 펄럭이는 걸개 그림 을씨년스럽고
앞에 앉은 친구의 눈에 비친
내 모습도 추레하다

거리에서
어깨가 부딪힐 정도로
많은 사람
날바람 맞으며
모두가 삶의 언저리를 도느라
허둥거리는데
하늘의 능력자가 보기에는
개미들의 행렬을 내려다보는
장난꾸러기 소년의 심정 같으리라

전철역 앞에서
기다려야 할지
찾아가야 할지
어느 것도 자신이 없어 서성서리며 울고 있는
엄마의 손을 놓친
어린애 같은 심정 되어
머뭇거린다

피카소의 추상화 보다
더 이해하기 어려운 가로수 그늘 아래서
지나온 날들
그 자리마다 엮여진 사연 더듬다
등뼈까지 시린 겨울로 생각이 닿은
나그네는
서리병아리처럼
어미 닭 품이 그립다

큰 바위 얼굴

부슬비 오는 산길
큰 바위 얼굴이 서 있다

펄펄 끓던 마그마가
까맣게 식어서 된 바위
천년을 천년의 무게로 침묵하고 있지만
그 가슴속에는
너무 뜨거워 검게 타버린 열정이
재도 못되고 굳어져 있다

떨어져 앉은 붙박이 자리에서
세일 수 없이 하 많은 날
오는 비 가는 바람
홀로 맞으며 보내는 동안
몸은 헐고 깎이고
빨갛게 펄펄 끓던 꿈 까만 넋 되어
가슴에 쇠보다 굳은 검은 딱지로 앉았다

차라리 수목(樹木)이라면
낳고 죽고 죽고 낳아서
윤회 바램에 넋이라도 팔아 보겠지만
천년의 꿈
천년 후에나 이루어질까
기약 없는 기약에
검은 얼굴 더욱 검어지는 큰 바위 얼굴이
비 속에 울며 거기에 서 있다

당신의 품 안에

아침에 자리에서 일어나니
창밖에 참새들의 노랫소리

당신과 눈웃음 후
당신이 정성으로 마련한 아침에 감사하고
당신이 운전하는 오늘이라는 전차를 탑니다

어떻게 어디로 얼마나
갈련지 모르는 여로이지만
당신과 함께하는 나의 영혼은 늘 평화롭습니다

이렇게 저렇게 태양의 꼭지 돌아
지친 몸으로 월면에 도착하여
아리만의 통제에 들지만

당신과 함께한 여로였기에
이 하루도 기억 속에
한 페이지 추억으로 남을 겁니다

자리에 누워
당신이 마련한 편안한 안식에
풋풋한 마음으로
나의 영혼
당신의 품에 놓습니다

*아리만 : 어둠의 신

아버지

아버지는 땅이셨다
나를 딛고 서라
아버지는 길이셨다
나를 밟고 가라
아버지는 징검다리셨다
나를 딛고 건너라
아버지는 지팡이셨다
나를 짚고 의지하라

어느 날
그런 아버지가 우셨다
땅 위에 제대로 서지 못하는 나 때문에
길도 찾지 못하고
징검다리에서 비틀거리는
그리고
지팡이를 짚을 줄 모르는 나 때문에

그렇게 부대끼고 쓸리고 깎이시다가
아들 철들 때쯤하여

곁을 떠나시더니
70이 훨씬 넘은 지금도
꿈으로 오시어
온밤 새우신다

어떤 이에게 이릅니다

창수는
늘 내 곁에 있습니다

창수는
나를 알지만
나는 창수의 얼굴도 모릅니다

창수라는 이름
늘 붙어 다니는
그를 무엇이라고 불러야겠기에
그냥 내가 붙여 준 이름입니다

창수와 늘 붙어 다니는 것이 싫어
그를 떼어 버리고 싶지만
우리는 샴쌍둥이같이 떨어질 수 없는 사이고
떨어지면 둘 다
피안의 그림자가 됩니다

어쩌다
재수가 도울 때 말고는
항상 당하는 것은 나지만

그래도 나는
창수와 늘 다투어야 하고
어떤 때는 심하게 싸움도 합니다
그러면
난 무지하게 다쳐 눕게 됩니다
재수를 원망하며

창수
참 *머구리 같지만
오늘도
나는 창수와 같이 눈을 뜹니다

*머구리 : 멍에의 방언

어느 비 오는 날 오후

베토벤의 운명 교향곡 듣다가
젖은 가슴에
잦아든 마음 달래려 밖으로 나가니
굵은 빗방울이 떨어진다

한껏 낮아진 하늘 아래
우산 속에서 종종걸음 치는 사람들
나만 보이고 너는 없고

우산 위에 떨어지는 잦은 빗소리는
현대인 심박(心搏) 소리
회심곡 목탁 소리 같고

비에 흠뻑 젖은 생쥐 같은 몰골로
뛰는 젊은이의 발자국 소리는
경쟁을 재촉하는 *무우 소리 같다

빗물을 튀기며 질주하는 자동차들은
이카로스의 날개를 달고

마법의 성을 향해 돌진하는
무소들 무리

높아지는 빗줄기 소리에
하늘은 더없이 낮아지고
어디선가 자꾸 운명 교향곡이 들린다

*무우 : 기우제(祈雨祭)

언덕에 올라

저 먼 곳
구름안개 낀 산 아래는
어디쯤일까

영희 두고 떠나온 잃어버린 고향일까
유랑하다 흘려 놓은 풋사랑 그곳일까
땡볕 아래 등짐 지던 황막한 거리일까

굽이굽이 넘어가는 산봉우리같이
굽이굽이 넘어온 인생길

서산에 걸린 해
길던 그림자
시나브로 엷어지는데
요란한 까마귀 소린 적막한 침묵 더욱 깊게 한다

내 인생 여로
조물주가 만든 걸까
소천하여 드는 날 따져 보리라

제 5 부

휘파람새

삭풍이 흔드는 창문
작년 늦은 가을에 붙여 놓은
낡은 문풍지
휘파람새가 웁니다

휘파람새

휘파람새가 웁니다.
서쪽 창문에서
봄과 여름 그리고 가을이
가 버리고 난 후

삭풍이 흔드는 창문
작년 늦은 가을에 붙여 놓은
낡은 문풍지
휘파람새가 웁니다

그렇게
고운 소리는 아니지만
휘휘한 깊은 겨울밤
가 버린 귀뚜라미의 울음이 불러온
가슴에 실금을 긋는
휘파람 소리가
날 바람이 창을 지날 적마다
귓바퀴를 맴돕니다

휘파람새
작고 연약하여
높이 날지도 세력권도 넓지 못한
조물주가 준 울음소리만이 제 자랑인
작은 새

그 새가
모진 겨울 나려고
내 창가에 둥지를 틀었나 봅니다

유언장

유언장에 무엇을 쓸까

남길 재산이 없으니
자식들에게 어떻게 나누라고
할 필요가 없고

명예가 없으니
내 명예를 높이고 그 명예에 걸맞게 살라고
할 이유도 없고

진 빚이 없으니
누구누구에게 빚을 갚아달라고
할 까닭도 없고

살 만큼 살며 이런저런 꼴 다 보았으니
세상에 미련이 남았다고
할 소이연이 없고

"잘 살아라"라고 말해 주고 싶어도
이만큼 산 나도 잘 사는 게 무언지 모르는데
헛소리하는 것 같고

세상 구경 잘하고 간다는 말은
다른 사람이 이미 말했으니
할 수가 없고

아무리 생각해도
남길 말 없어서
그냥 "간다"고 하여야겠다

소쩍새가 우는 까닭은

소쩍새가 우는 까닭은
봄이 왔기 때문이
배꽃에 부서지는 시리도록 하얀 달빛 때문이
춘정 못 이겨 뚝뚝 떨어지는
목련꽃 때문이 아니다

소쩍새가 우는 까닭은
버들가지에 앉아 있는 강아지들이
잎새에 묻혀 떨어져 가기 때문이
여울 가에서 피어나는 물망초의 시린 전설 때문이
봄밤 기적 소리에
역(驛)으로 역으로만 뛰는 가슴
때문이 아니다

소쩍새가 우는 까닭은
먼 데서 들리는 개 짖는 소리
사립짝을 지나는 바람 소리에
곤두서는 마음이

새벽 별이 지면 하얗게 지쳐
저며지는 심정 때문이 아니다

혼자일 때

땅거미가 지는 즈음
텅 빈집에 혼자 있으면
들려오는 소리

창밖에
사람 지나가는 소리
자동차 소리 바람 소리
새소리 고양이 우는 소리 멀리서 개 짖는 소리

귓바퀴 더 커지면서
벽시계 소리
싱크대 물 내리는 소리
장롱 밑에 벌레 기는 소리
먼지 떨어지는 소리
스투키 중얼거리는 소리

나중엔
내 숨소리
심장 뛰는 소리

피 흐르는 소리
그리곤
영혼이 보채는 소리

아이구 두야

옆집 황 영감
마누라 몰래
진달래 산으로
초등학교 여자 동창과 꽃 구경 갔다가
산에서 넘어져 허리를 다쳤다네
아이구 두야

노인정
박 할매와 황 할매가
새로 들어온 5살 연하 김씨 할배를
서로 자기 짝궁 한다면 싸워
눈탱이가 밤탱이 됐다네
아이구 두야

차씨 할아범
마누라와 같이 나들이 나가서
지나가는 곱고 화사한 할매를 훔쳐 보다
두렁에 걸려 넘어지며 마누라를 붙잡아

같이 굴렀다네
아이구 두야

갈비 좋아하는 배씨 할아범
구운 갈비 뜯다가
앞니 세 개 부러져 임플란트하려고
아들에게 병원비 받아내며
며느리 눈치 꽤나 봤다네
아이구 두야

그냥 웃지요

당신이 내게

흰색이 좋아 검은색이 좋아
하고 물으면
그냥 웃지요
속으론
흑백 논리보다는 하며

KTX를 타는 게 좋아 KAL을 타는 게 좋아
하고 물으면
그냥 웃지요
누군가와 타느냐가 하며

수물 수물 하면 마흔이야, 사백이야
하고 물으면
그냥 웃지요
그거야 셈하는 사람 마음 하며

무지개가 좋아 저녁노을이 좋아
하고 물으면
그냥 웃지요
아마 때에 따라 나이에 따라 다를 걸 하며

인생은 나그넷길이라는데
우리는 어디쯤에 있을까
하고 물으면
그냥 웃지요
속으론
그걸 알면 내가 땅에서 살까 하며

이런 날은

이런 날은
비가 오는 것이 좋다

구름 한 점 없는 하늘이
아픔이 되고
쏟아질 것 같은 밤하늘 별이
슬픔이 되면

붉은 태양 아래
빨간 장미의 웃음이 가시가 되고
먼 산의 뻐꾸기 울음소리가
가슴에 안개비를 내리면

물망초 꽃잎 위에
보고픈 이의 얼굴이 어른거리고
파초의 넓은 잎으로도
가릴 수 없는 그리움이 일면

머리에 떨어지는 빗물이 눈물이 되고
가슴을 석시는 눈물이
끓는 마음 식혀 준다면
온몸이 흠뻑 젖어도 좋다

술래

해 지는 들녘
나의 나 되고 너의 너 되는
바람길에 서서
찾는다

어디에 숨어 있을까
바위 뒤에
나무 그늘에
땅속에
구름 속에
아니면 하늘 그 너머에

무엇을 찾는가
가 버린 세월인가
잡지 못한 꿈인가
녹아 버린 청춘인가
잃어버린 흔적인가

평생 술래 되어
전방지축
바람길에서
바람만 쫓으면서

그대는 떠나고

그대 떠나던 날
가슴속에는
하고 싶은 말
하여야 할 말이 뭉게뭉게 이는데
회한으로 가슴만 쳤습니다

당신이 가고 난 들판에는
갈까마귀가 울고
황색 바람이 부는군요

당신으로 하여
사막의 오아시스를 알았고
염화시중의 미소도
어렴풋이 짐작하게 되었습니다

바람이 불고
석양이 지면
돌아서야 한다는 것도
알게 되었죠

봄 물먹은 가지에서 울던
파랑새의 울음소리는
당신께 부르는
나의 마지막 노래가 되었습니다

꿈아!

꿈아
너는 마땅히 꾸어져야 하고
날아올라야 하고
정열의 끓는 피 마시며
너만의 길
너만의 방법으로 가서
작은 들꽃이라도 피워 내어야 한다

꿈아
너는 왜 붉은 얼굴을 하고
지는 해 바라보며
한숨짓고 있느냐
네가 거기 그렇게 있고
아직도 날개에 날아오를 힘이 남아 있다면
너의 존재 가치는 지금도 충분하다

꿈아
부끄러워 마라
너로 하여 눈물 골짜기 꽃의 화원을 지나고

너로 하여 어둠과 밝음을 넘어
삶의 의미가 한층 깊어졌나니
너로 하여
나는 왔고
또 간다

그리움

아침나절 성긴 나뭇가지에서
헛 우는 까치를 쫓고 난 뒤
한참을 울고 났더니
긴 하루가 빨갛습니다

어제는 마냥 노란 하루였는데
오늘은 빨갛게 변했습니다
오늘이 이렇게 지나고 나면

내일은 또 어떤 하루 될까요
별도 없는 밤보다 더 깜깜할까요
아니면 하얗게 표백될까요

내일 아침엔
까치가 소식을 물고 와서
눈물비를 물고 갔으면

환승역에서

자정이 넘은 시간
집으로 돌아가는 길
마지막 전철 갈아타려는 사람들 틈에 끼어
내린 환승역
희미하게 조는 전등불 받으며
걸어가는 사람들 얼굴에는
하루의 피로가 잠처럼 서려 있다

발걸음 소리 듣는 사람
벌레 우는 소리
비 오는 소리
바람 부는 소리
부엉이 우는 소리
아기 우는 소리 듣는 사람

그런 사람들이 무리로 엉키어
하얗게 표백되는 불빛 아래
한 움큼씩 지치고 삭은 숨 고르며
그림자를 끌고 간다

여로에서

서글프고 쓸쓸하다
서글퍼서 쓸쓸한가
쓸쓸해서 서글픈가

달빛이 난만히 부서지는 툇돌
그 위에 어지러이 놓인
하얀 고무신 한 켤레

시집가는
어미 없이 키운 외동딸
혼수 마련에
워낭소리 멈추어진 외양간은
깊은 어둠에 잠기고
늙은 길고양이 한 마리가
긴 울음 남기며 그 어둠을 지나는데

내리는 서리 사이로
떨어진 기러기 눈물이
처마에 맺어 낙수 지니

울 밖
대나무 숲 지나는 바람 소리는
잠 못 드는 촌부의 한숨인가

풀잎 배

손주와 같이
냇가에 나가 억새 풀잎으로 배 만들어
냇물에 띄운다

물 위에 흘러가는 풀잎 배는
할아버지 세월 손자 세월을
싣고
앞서거니 뒤서거니 흘러간다

반세기도 훨씬 넌 전
아버지 손에 이끌려 개천에 나가
아버지가 만들어 띄우신 풀잎 배 보고
신기해서 좋아라 하고
배 따라 종종걸음 쳤었는데

풀잎 배야
그렇게 흘러가 아버님께 닿거든
어린 손자 거느린 할배 된 아들이
아버님의 증손자와 같이

만들어 띄운 풀잎 배는
얼마 있으면 나도 곧 아버님께
문안드리러 간다는 소식이라고
전해 다오

순간이 영원을 잡고

그녀가 울고
그이가 웃는다
그이가 울고
그녀가 웃는다

순간이 영원을 잡고
잡힌 영원이 순간을 잡아먹는다

삐뚤어진 길에 서서
일그러진 달을 보고
황량한 들을 방황하며
승냥이 소리를
구원의 소리로 듣는다

영원이 잡아먹은 순간을 게워 내지만
이미 변해 버린 순간은
돌이킬 수 없고
영원도 무너져 내려
껍질만 남고

그녀가 웃는다
그이가 울고
그녀가 울고
그이가 웃는다

숨소리

아기는 엄마의 숨소리 들으며
잠이 든다
엄마는 아기의 숨소리 들으면
잠이 깬다

엄마의 숨소리엔
아기의 숨소리가 있지만
아기의 숨소리에는
엄마의 숨소리가 없다

아기의 숨소리는
약하지만
엄마의 숨소리 듣고
자라나고 젊어지고
엄마의 숨소리는
강하지만
아기의 숨소리 들으며
약해지고 늙어 간다

아기가 자라 엄마가 되면
엄마의 숨소리는
아기를 닮아 가고
자란 아기는 엄마의 숨소리를 닮아 간다

어느 날 꿈에

당신은 문 안에 나는 문밖에
아니
나는 문 안에 당신은 문밖에
나는 폐쇄된 공간
거기 그렇게 갇히어 당신 오기를 기다린다

당신은 누구
배우자 친구 지인
아니면 지키는 사람
문밖에서 당신은 서성이고
나는 문이 열리기를 기다린다

다가오는 발자국 소리
문에 귀를 댄다
다시 멀어지는 소리
왜 내가 여기 갇혀 있는지
왜 저 사람은 문을 열어 주지 않는지

시간이 지나간다
시간이 지나가는 소리는 전연 없는데
지나간 자리엔 깊은 자국이 남는다

심호흡
문으로 다가가 손잡이를 잡고 돌린다
슬그머니 열리는 문
문을 활짝 열고 밖을 보니
아무도 없다
지나가는 바람 소리뿐

어느 망자(亡者)의 영탄

하늘에 계신 창조주여
당신이 이 세상에 나 내보낼 때
당신 뜻이 있었겠지만
나는 그동안 세상에 살며
내 생각 내 느낌 내 욕심대로 살았습니다
어쩜 그것도 당신의 뜻인지 모르지요
그래서
당신의 뜻 알아보려
이제 만나러 갑니다

땅이여
나 당신에게서 나와
당신을 밟고 깎고 헐고 뚫으며
어지러이 살아도
당신은 항상 변함없는 모습으로
나에게 앉을 자리와 누울 자리 주셨습니다
이제 그 너그러운 품 그리워
영원히 당신께 안기려고 갑니다

바람아 비야
나 먼지 같은 실체 되면
너희가 나르고 흘려서
새로운 땅 새로운 세계로 데려가
새로운 무엇인가가 되겠지
무엇이 될까
기대되는 마음에 부푼 꿈 안고
이제 나
너희 품에 안긴다

■ 작품 해설

詩語를 빛어내는 번뜩이는 묘사들

권 오 운

〈시인 · 중앙대 문창과 겸임교수 역임〉

쉬운 시와 어려운 시

흔히 요즘 시는 무슨 소리인지 이해할 수 없다고 한다. 그렇다면 쉬운 시가 따로 있고 어려운 시가 따로 있다는 소리다.

도대체 어떤 시가 쉬운 시고, 어떤 시가 어려운 시인가?

굳이 고쳐서 이른다면 쉽게 이해할 수 있는 (쉽게 읽히는) 시와 그렇지 못한 경우쯤 되리라.

어쨌거나 이의영 시인의 시는 쉽다.

바꾸어 말하면 쉽게 이해할 수 있다는 뜻이다.

길을 간다
어제도 왔고

오늘도 가고 있고
그리고 내일도 가야 할 그 길을 간다

그 길 가며 남자는
그 길이 험하지 않기보다는
걸을 수 있는 길이길 바라고
높지 않기보다는 올라갈 수 있고
곧은 길이기보다는 끊어지지 않기를
그리고
깊지 않기보다는 건너갈 수 있기를 바란다

남자가 그 길 가며
우는 것은
이미 온 길은 다시 갈 수 없기 때문이고
웃는 것은
그래도 갈 수 있는 길이 남아 있기 때문이다

–「길을 간다」 부분

이의영 시인은 돌아앉아서 혼잣소리로 궁얼궁얼 삶의 곤고함을 말하고 있다.

우선 삶의 기초적인 한 상징어로서 '걸어가다'를 반복적으로 되풀이함으로서 '걸어온' 길과 앞으로 '걸어가야 할' 인생 행로를 넓이와 깊이를 마름질해 가며 그 여정을 직조해 나가고 있다.

쉽게 읽히는 시는 쉽게 써지지 않는다

술은 입으로 들고
사랑은 눈으로 든다.
우리가 늙어서 죽기 전에 참이라고 깨달은 것은 이것 뿐이다.

예이츠의 이 〈술노래〉도 아주 쉽게 읽히는 시다. 그러면서도 술과 사랑을 '먹고 마시는' 것이 아니라 '먹다'의 높임말격인 '들다'로 갈아 끼워 또 다른 맛을 살려 내고 있다.

석양 녘
만추의 꼬리 잡고 숲길에 섰다

나무가 풍성할 땐
넉넉함으로 출렁이던 숲
지나는 바람이 마른 갈잎 하나 떨구니
어제의 날들이 순간에

낙엽처럼
갈색 눈물 흘리며 땅 위에 눕고

그 가벼움에 몸서리치는 사이
날빛은 땅거미에게
정복되어
서서히
카르눈의 문 열린다

–「숲 속에서」 부분

이의영 시인은 시어를 매만지고 시구(詩句)를 이리저리 엮어내는 재간이 남다르다. 남다를 뿐만 아니라 특출나다. '만추의 꼬리를 잡는다' 거나 '넉넉함으로 출렁거리는 숲' 이라든가 '가벼움의 몸서리' 라든가 '땅거미에 정복되어' 따위의 번뜩이는 묘사가 눈길을 끈다.

일상어를 시어로 빚어내는 솜씨 돋보여

이의영 시인의 작품들은 하늘의 놀라운 깊이와 견딜 수 없는 투명성! 자연의 그윽한 깊이와 이데아의 견딜 수 없는 투명성! 보들레르를 덮어씌우고도 남을 감수성을 보인다.

흙 속에
나는
나의 씨앗을 묻으리
단단하지만 거칠지 않고
채워졌지만 거만하지 않고
곱지만 화려하지 않은
그런 씨앗 묻어 두었다
–「바람의 노래」 부분

나는 흙 속에 나의 '씨앗을 묻는다'와 같은 평이하고 무덤덤하기까지 한 진술이, 단단하지만 거칠지 않고, 채워졌지만 거만하지 않고, '곱지만 화려하지 않은' 이의영 시인의 시각은 마치 읽는 이에게 질책이라도 하는 듯하다.

그녀가 울고
그이가 웃는다
그이가 울고
그녀가 웃는다

순간이 영원을 잡고
잡힌 영원이 순간을 잡아먹는다

삐뚤어진 길에 서서
일그러진 달을 보고
황량한 들을 방황하며
승냥이 소리를
구원의 소리로 듣는다
–「순간이 영원을 잡고」 부분

순간을 이어 놓으면 촌음이 되고, 촌음이 흘러가면 시간이 되고 시간이 지나가면 세월이 된 다음 더 나아가면 영원이 된다. 그렇게 우리의 삶이 영위되는 동안을 먹고 마시고 울고 웃으면서 생애를 늘어놓고 지나간다. 아무리 순간이 영원을 잡아먹어도 별은 반짝이고 달은 기울고 차오르기를 반복한다.

깊고 아름다운 시의 난장에 들어

유난히 반짝이는 별들이
모두 쏟아질 것 같은 가을밤

떨어지는 별똥별이 나르는
추락의 가을을 난 모릅니다

달무리 이고 날고 있는
외기러기 날개 위에서
잃은 짝 그리워
울고 있는 가을을 난 모릅니다

바람에 흔들려 서걱거리는
낮은 갈대의 읊조림에
시나브로 젖어 드는
서글픈 가을을 난 모릅니다

앞산 석바위에 부딪쳐 메아리치는
높은 갈까마귀 울음소리에
뜸금없이 다가오는
방랑의 가을을 난 모릅니다

가을이 지나가는 길목에 서면
이렇게
서성이는 이유를
난
아직 모릅니다

—「난 아직 모릅니다」 전문

추락하는 가을이 별똥별을 주워 나르면
외기러기 날개 위에서 가을이 울고 있다.
여기에
갈까마귀의 울음이 더해지면 가을은 다시
방랑의 길에 오른다.
이렇게 되면
눈에 보이던 흔들림마저 보이지 않는다.

별들조차
구름에 가려 캄캄한 어둠 속에서
절대적이라는 단어가 번갯불같이
번뜩인다.(*)

이의영 시집
갈잎에 스쳐 지나가는 바람 소리

초판 인쇄 2023년 2월 10일
초판 발행 2023년 2월 15일

지은이 | 이의영
펴낸이 | 김효열
편　집 | 이미정

펴낸곳 | **을지출판공사**

등록번호 | 1985 년 2월 14일 제 2-741호
주　　소 | 서울시 마포구 양화진길 41, 603호
우편번호 | 04083
대표전화 | 02) 334-4050
팩시밀리 | 02) 334-4010
전자우편 | ejp4050@hanmail.net

값 18,000원

ISBN 978-89-7566-224-9 03810